LEONARDO BRANDÃO XAVIER

A ARTE DE EMPREENDER

COMO TRANSFORMAR IDEIAS EM NEGÓCIOS LUCRATIVOS

A ARTE DE EMPREENDER – COMO TRANSFORMAR IDEIAS EM NEGÓCIOS LUCRATIVOS

Coordenação editorial:
Gilson Mello

Projeto gráfico:
Flórida Business Academy

Correção, revisão e copidesque:
Flórida Business Academy

Direção Geral:
Gilson Mello

Primeira edição 2024

Dados Internacionais de Catalogação na Publicação (CIP)
Brandão Xavier, Leonardo
A arte de empreender – como transformar ideias em negócios lucrativos
Leonardo Brandão Xavier; Rio de Janeiro-RJ: Flórida Business Academy
Motivação, 2024.
137 p.
ISBN: 9798884684164
1. Negócios 2. Realização pessoal. 3. Sucesso

Para Sempre em Meu Coração:

Homenagem e Gratidão ao Meu Amado Tio Ivan Xavier.

Leonardo Brandão Xavier

SUMÁRIO

PREFÁCIO

Leonardo Brandão Xavier

Num mundo impulsionado pela busca de sucesso, este livro mergulha na essência do empreendedorismo, guiado pelos princípios cristãos. Ao explorar a interseção entre fé e negócios, convido você a embarcar em uma jornada que transcende lucros, enfatizando valores fundamentais que moldam não apenas empresas, mas também almas empreendedoras.

Nesta era de incessante busca por aprovação, muitos sacrificam sua essência e valores em prol de metas passageiras. Este livro desafia esse paradigma, convidando você a reavaliar seus objetivos, destacando a importância de preservar sua identidade e crenças enquanto busca o sucesso duradouro. Descubra como alinhar suas aspirações com sua verdadeira essência para construir realizações autênticas e duradouras.

Além disso, ao longo destas páginas, você encontrará não apenas insights e orientações práticas, mas também histórias inspiradoras e exemplos reais que ilustram o poder transformador da fé no mundo dos negócios. Acredito que, ao integrar princípios cristãos com estratégias empreendedoras, podemos não apenas alcançar o sucesso material, mas também deixar um impacto positivo e duradouro em nossas comunidades e no mundo.

Portanto, que este livro seja mais do que um guia, mas sim um convite para uma jornada de autodescoberta, crescimento espiritual e sucesso sustentável. Que você seja inspirado a buscar não apenas o sucesso financeiro, mas também a verdadeira realização e propósito que vêm de seguir os princípios eternos que transcendem as tendências e as circunstâncias passageiras.

PRÓLOGO E AGRADECIMENTO

12

Ao iniciarmos esta jornada, convido você a embarcar em uma narrativa de preparação, na qual exploraremos os caminhos que percorri ao longo deste livro. Aqui, compartilharei não apenas minhas conquistas, mas também os desafios e momentos difíceis que enfrentei e superei. Cada capítulo é uma peça desse quebra-cabeça, uma parte essencial da jornada em busca de equilíbrio, sucesso e autenticidade. Através das páginas que se seguem, espero que encontre inspiração e aprendizado, assim como eu encontrei ao trilhar esse caminho de autoconhecimento e realização. Que cada palavra seja um convite à reflexão e uma luz em seu próprio percurso.

As multinacionais enfrentam desafios relacionados à saúde mental, como ansiedade, pânico e depressão, devido às pressões do ambiente corporativo. Estratégias para promover bem-estar e apoio emocional são cada vez mais reconhecidas como essenciais para o equilíbrio entre trabalho e saúde mental. A pressão constante, longas jornadas de trabalho e falta de equilíbrio cobraram um preço alto.

A cobrança intensa nas multinacionais onde trabalhei impactou negativamente meu equilíbrio. Por um longo tempo, não consegui encontrar o equilíbrio saudável necessário entre trabalho e vida pessoal.

O Jiu-Jitsu trouxe-me de volta ao jogo, beneficiando minha saúde mental diante dos desafios corporativos, oferecendo não apenas um exercício físico, mas também um meio de alívio do estresse e promoção do equilíbrio emocional. O foco, disciplina, resiliência e a sensação de superação proporcionados pelo Jiu-Jitsu contribuíram positivamente para lidar com as pressões do ambiente corporativo. Agradeço aos meus mestres Daniel Cabral, Everaldo Penco e a cada parceiro de treino nessa batalha diária para vencer. No Jiu-Jitsu, aprendi que nunca perdemos; ou ganhamos ou aprendemos. Posso dizer com propriedade que esse esporte salvou a minha vida!

A família desempenhou um papel crucial em minha trajetória, fornecendo apoio emocional, psicológico e espiritual para a estabilidade no empreender. Sempre foi um núcleo de apoio sólido e constante que me ajudou a enfrentar desafios, mitigar o estresse e contribuir para a resiliência necessária no mundo dos negócios. A integração entre vida profissional e familiar é essencial para um empreendimento sustentável e bem-sucedido.

Meus pais foram fundamentais, e minha gratidão é enorme, assim como meu irmão, Fabrício Xavier, e Talitha Fortes. Eles foram fontes de inspiração e resiliência, nunca desistindo. Sempre valorizamos nossas raízes e, por isso, nunca perdemos o rumo. Meu irmão hoje é referência em sua área, se não o melhor, está entre eles.

O apoio da minha esposa, Fernanda Nunes, foi significativo para fortalecer essa jornada empreendedora. O suporte emocional, a parceria e a compreensão mútua contribuíram para a confiança e resiliência diante dos desafios nos negócios e na vida. Ela me ensinou que é fundamental equilibrar responsabilidades familiares e profissionais para garantir um relacionamento saudável e o sucesso nos empreendimentos. Te amo por toda a jornada!

Minhas filhas desempenham um papel crucial em minha vida, oferecendo motivação, felicidade sem tamanho, perspectiva e um senso de propósito além dos negócios. A busca pelo equilíbrio entre vida profissional e familiar muitas vezes é inspirada pelo desejo de proporcionar um futuro melhor para os filhos. Acredito que o envolvimento dos pais na vida dos filhos pode influenciar positivamente a formação de valores e o desenvolvimento emocional, contribuindo para uma vida mais equilibrada e significativa.

Agradeço a Deus pelos Seus planos e propósitos em minha vida. Eclesiastes 3:1 nos diz que "Tudo tem o seu tempo determinado, e há tempo para todo o propósito debaixo do céu".

Assim como em Jeremias 29:11, diz - "Porque sou eu que conheço os planos que tenho para vocês", diz o Senhor, "planos de fazê-los prosperar e não de causar dano, planos de dar a vocês esperança e um futuro".

Debaixo de Sua graça não há o que temer; mesmo diante das dificuldades inerentes à vida; assim como os Seus desígnios. A Ele toda honra e glória.

Leonardo Brandão Xavier

INTRODUÇÃO

É com imensa gratidão e entusiasmo que lhe dou as boas-vindas a esta jornada extraordinária pelo mundo do empreendedorismo. Permita-me conduzi-lo por um caminho repleto de descobertas, desafios e, acima de tudo, crescimento pessoal e profissional.

Minha jornada como empreendedor começou com sonhos, incertezas e uma chama interior inextinguível que me impulsionava a ir além. Ao longo dos anos, mergulhei de cabeça em projetos desafiadores, enfrentei adversidades e celebrei conquistas que moldaram não apenas meu percurso profissional, mas também minha essência como ser humano.

Este livro é fruto de uma jornada marcada por experiências transformadoras, aprendizados profundos e um constante desejo de compartilhar o conhecimento adquirido ao longo do caminho. Nele, exploraremos juntos uma variedade de temas que permeiam o universo do empreendedorismo, desde os fundamentos da fé e da crença no próprio potencial até as estratégias práticas para transformar ideias em negócios lucrativos.

Ao longo das páginas que se seguem, mergulharemos em reflexões inspiradoras sobre a importância da persistência, da resiliência e do desenvolvimento pessoal no percurso empreendedor. Abordaremos temas como a definição de metas inspiradoras, a gestão eficiente do tempo, a construção de relacionamentos sólidos e estratégias de marketing pessoal eficazes.

Além disso, exploraremos os desafios e oportunidades que surgem com as mudanças constantes do mercado, bem como as habilidades necessárias para inovar, adaptar-se e prosperar em meio à incerteza.

Acredito firmemente que cada página deste livro reserva uma oportunidade única de crescimento e transformação. Ao adentrarmos juntos neste universo de possibilidades, convido-o a deixar para trás o medo e a dúvida, e a abraçar com coragem e determinação o desafio de construir o futuro que você merece.

Lembre-se sempre das palavras do sábio rei Salomão: "Confie no Senhor de todo o seu coração e não se apoie em seu próprio entendimento; reconheça o Senhor em todos os seus caminhos, e ele endireitará as suas veredas." (Provérbios 3:5-6)

Que este livro seja não apenas uma fonte de inspiração, mas também um guia prático para alcançar seus objetivos e realizar seus sonhos mais audaciosos.

Prepare-se para uma jornada de descobertas, crescimento e realização. O primeiro capítulo está prestes a revelar segredos poderosos para transformar ideias em negócios lucrativos.

CAPÍTULO 1

ACREDITE NO SEU CHAMADO

A o folhear estas páginas, você está prestes a embarcar em uma jornada de autodescoberta e realização. O empreendedorismo, caro leitor, não é apenas uma atividade comercial, mas sim um chamado, uma vocação que ecoa em cada fibra de nossa existência. Se você está aqui, se dedicando a explorar os segredos e desafios desse universo, é porque algo dentro de você ressoa com a ideia de criar, inovar e impactar o mundo ao seu redor.

Descobrindo a Chama Interior

Todos nós nascemos com um propósito, uma missão singular que nos impulsiona a ir além dos limites convencionais e a buscar incessantemente a realização de nossos sonhos mais profundos. E, muitas vezes, esse propósito se manifesta de forma única e poderosa através do empreendedorismo. É como se cada um de nós fosse dotado de uma chama interior, uma centelha divina que nos guia e inspira a perseguir nossas paixões, transformar desafios em oportunidades e construir um legado que perdure para além de nossas vidas.

Mas é importante compreender que o chamado empreendedor vai muito além da mera busca pelo sucesso material. Ele está intrinsecamente ligado à nossa essência, aos valores que nos movem e às aspirações mais profundas de nossa alma. É por isso que, ao abraçarmos o empreendedorismo, estamos, na verdade, abraçando a oportunidade de expressar nosso verdadeiro eu, de canalizar nossos talentos e habilidades de forma significativa e autêntica.

Olhando para trás em minha própria jornada empreendedora, percebo que cada passo, cada desafio e cada vitória foram guiados por uma convicção inabalável de que eu tinha um propósito maior a cumprir. Desde os primeiros momentos em que mergulhei no mundo dos negócios até os dias de hoje, essa chama interior tem sido minha bússola, meu farol na escuridão, orientando-me rumo ao meu destino com clareza e determinação.

Não podemos falar sobre o chamado empreendedor sem mencionar os grandes visionários que moldaram o mundo com sua visão e determinação. Pense em nomes como Steve Jobs, Elon Musk, Oprah Winfrey, cujas trajetórias inspiradoras são testemunhos vivos do poder do chamado empreendedor. Eles não apenas construíram impérios comerciais, mas também deixaram um legado de inovação, criatividade e ousadia que continua a inspirar milhões de pessoas em todo o mundo.

Em minha jornada, encontrei inspiração em histórias de superação e resiliência, como a do lendário Arnold Schwarzenegger. Nascido em uma pequena vila na Áustria, ele enfrentou inúmeras adversidades em sua busca pelo sucesso em Hollywood e na política. No entanto, em meio às dificuldades e desafios, ele nunca perdeu de vista seu propósito, sua missão de deixar uma marca indelével no mundo. Sua história é um lembrete poderoso de que, independentemente das circunstâncias, podemos alcançar grandes alturas quando acreditamos em nosso potencial e persistimos com determinação implacável.

"Acredite que você tem uma missão na vida, e o sucesso seguirá",

Arnold Schwarzenegger

Essa é a essência do chamado empreendedor: acreditar no poder de nossos sonhos, confiar em nossa capacidade de superar obstáculos e nunca desistir, mesmo quando o caminho à frente parecer árduo e incerto.

Descobrir sua chama interior, seu propósito único neste mundo, é o primeiro passo em direção a uma vida de realização e significado. É o combustível que alimenta sua jornada, dando-lhe força para enfrentar os desafios e perseverar nos momentos de dificuldade.

Convido-o a refletir sobre seu próprio chamado empreendedor. O que o inspira? O que o motiva a levantar-se todas as manhãs e perseguir seus sonhos com paixão e determinação? Lembre-se sempre: você tem um chamado, uma missão única e extraordinária que o espera. Acredite nisso, e o mundo se abrirá diante de você, cheio de possibilidades infinitas.

"Porque os dons e o chamado de Deus são irrevogáveis."

Romanos 11:29

Superando Dúvidas e Desafios

Desde cedo, me deparei com incertezas e obstáculos que poderiam ter minado minha confiança. No entanto, esses momentos desafiadores tornaram-se oportunidades de crescimento e fortalecimento do meu caráter em minha jornada empreendedora.

Lembro-me dos dias na infância, quando as dúvidas e incertezas pairavam sobre mim como uma sombra insistente. A incerteza sobre o futuro, a ansiedade diante das adversidades e o medo do fracasso eram constantes companheiros. No entanto, cada desafio superado, cada obstáculo enfrentado, tornou-se um degrau a mais na escada do meu desenvolvimento pessoal e profissional.

"O único lugar onde o sucesso vem antes do trabalho é no dicionário."
Vidal Sassoon.

A frase de Vidal Sassoon ecoa em minha mente como um lembrete constante de que o sucesso não é um presente, mas uma conquista que demanda trabalho árduo e dedicação. Enfrentar as dúvidas e superar os desafios exigiu não apenas coragem, mas também uma firme determinação em perseverar, mesmo diante das adversidades mais difíceis.

Em meio às batalhas internas, encontrei inspiração na história de Davi e Golias. Davi, um jovem pastor, enfrentou o gigante Golias com apenas uma funda e uma pedra, confiando em Deus para a vitória. Minha coragem e fé inabalável servem como um lembrete poderoso de que, quando confio em minhas habilidades e me capacito, sou capaz de superar até mesmo os maiores desafios.

Assim, aprendi que o verdadeiro sucesso não está isento de dúvidas e desafios, mas reside na capacidade de enfrentá-los com resiliência e confiança. Cada obstáculo superado fortaleceu minha convicção de que, com determinação e fé, posso alcançar grandes realizações.

Muitas vezes, a dúvida é como uma sombra que obscurece nossa visão, impedindo-nos de avançar rumo ao desconhecido. O medo do novo, o receio do sucesso, são sentimentos que habitam o âmago de muitos empreendedores. Conheço indivíduos talentosos e dedicados que, no entanto, hesitam diante da perspectiva do triunfo. É como se, lá no fundo, acreditássemos que o sucesso está além de nosso merecimento. Essa crença, arraigada no inconsciente, muitas vezes nos impede de alcançar nosso pleno potencial. Reconhecer e confrontar esses medos é o primeiro passo para desvendar as barreiras que nos separam do sucesso e da realização pessoal.

O Poder da Crença

Conforme observo o cenário empreendedor, percebo uma constante que permeia muitos dos indivíduos que compartilham suas jornadas comigo: a crença arraigada de que não merecem o sucesso. Essa crença, sutilmente incutida em nossa infância e reforçada ao longo dos anos, pode se manifestar de diversas formas em nossas vidas. Talvez tenhamos sido ensinados que "não fizemos mais que nossa obrigação" ao receber elogios ou que o sucesso é reservado apenas para os sortudos ou os excepcionais.

Essas crenças limitantes, porém, são como algemas que restringem nosso potencial. Acreditar em si mesmo é o primeiro passo para desvendar todo o potencial empreendedor que reside em nosso íntimo. Refletir sobre nossas crenças e reconhecer sua influência em nossas ações é essencial para liberar nosso verdadeiro poder.

"A mente é tudo. Você se torna aquilo que pensa."

- Earl Nightingale.

Tony Robbins é um renomado palestrante motivacional, coach de vida e autor best-seller, amplamente reconhecido por sua influência no desenvolvimento pessoal e profissional. Nascido Anthony J. Mahavorick em 29 de fevereiro de 1960, nos Estados Unidos, Robbins superou uma infância desafiadora para se tornar um dos maiores nomes no campo do crescimento pessoal.

Com uma abordagem dinâmica e envolvente, Robbins inspira milhões de pessoas em todo o mundo por meio de seus seminários, livros e programas de treinamento. Seu estilo único de ensino, que combina técnicas de coaching, psicologia e estratégias de alto desempenho, capacita indivíduos a alcançarem seus objetivos mais ambiciosos.

Ao longo de décadas de carreira, Tony Robbins desenvolveu uma metodologia poderosa para desbloquear o potencial humano, ajudando pessoas comuns e líderes empresariais a transformarem suas vidas e atingirem o sucesso em diversas áreas, desde finanças e relacionamentos até saúde e espiritualidade.

Sua mensagem de superação pessoal, motivação e crescimento contínuo ressoa com uma ampla audiência, e suas contribuições têm impactado positivamente a vida de inúmeras pessoas ao redor do mundo. Tony Robbins é verdadeiramente uma figura inspiradora e um ícone no campo do desenvolvimento humano.

Construir crenças inabaláveis é uma jornada que requer autodisciplina, perseverança e uma visão clara de nossos objetivos. Tony Robbins é um exemplo inspirador de como as crenças positivas e inabaláveis podem moldar nosso destino. Ele transformou desafios em oportunidades, superou adversidades e construiu um império a partir de sua convicção inabalável no poder da mente.

Consolidando a Fé

Ao olharmos para a história de Cristo, encontramos um exemplo supremo de uma fé inabalável. Diante das tentações terrenas e das propostas que poderiam desviá-lo de seu propósito divino, ele permaneceu firme em sua missão. Ele sabia que seu propósito transcendia as glórias terrenas e permaneceu fiel à sua visão até o fim.

Portanto, ao consolidarmos nossa fé no empreendedorismo, devemos lembrar que nossas crenças moldam nossa realidade. Ao confiarmos em nosso potencial, resistimos às tentações que nos desviam do caminho e abraçamos plenamente o chamado que nos impulsiona. Nossa jornada empreendedora é uma expressão de nossa fé e convicção inabaláveis, que nos guiam em direção ao sucesso e à realização pessoal.

Que este capítulo seja um lembrete para todos nós: acredite no seu chamado, enfrente suas dúvidas com coragem e mantenha uma fé inabalável em seu potencial empreendedor.

"Porque Deus não nos deu espírito de covardia, mas de poder, de amor e de equilíbrio."

2 Timóteo 1:7

CAPÍTULO 2

ENTENDA A SUA SITUAÇÃO ATUAL

Havia uma época em que o mundo mal conhecia o rugido dos motores, uma era em que as estradas estavam mais silenciosas, abraçadas pelo silêncio das colinas e pela monotonia das paisagens. Era o início do século XX, uma era em que o automóvel era um luxo reservado aos mais afortunados, uma raridade que deslizava pelas estradas poeirentas, despertando a curiosidade de quem o via passar.

Nesse cenário distante, dois irmãos, cujos nomes seriam ecoados na história, embarcaram em uma jornada que transcenderia a simples produção de pneus. Sob o manto da incerteza, ousaram desafiar o status quo e moldar o destino de sua empresa de uma forma que poucos ousariam imaginar.

Em uma época em que menos de três mil carros pontilhavam as estradas, a Michelin enfrentava o desafio de expandir sua clientela. Era uma questão de sobrevivência: vender mais pneus exigia um ecossistema propício, um mundo onde carros eram mais do que meros veículos de transporte, mas símbolos de liberdade e aventura.

Foi assim que surgiu a ideia, uma ideia tão simples em sua concepção, mas tão revolucionária em sua execução: Criar um o guia para aventureiros. Não era apenas um guia, mas um farol para os viajantes, um companheiro leal nas estradas desconhecidas. Mapas, instruções para troca de pneus, postos de gasolina e, como uma dádiva para os viajantes famintos, uma lista de lugares para saciar a fome e encontrar abrigo para a noite.

O que começou como um gesto de cortesia transformou-se em algo além das expectativas mais audaciosas. A seção de restaurantes do guia, inicialmente um apêndice, cresceu em importância e prestígio, alimentada pelo zelo dos inspetores de restaurantes, cujo anonimato acrescentava um véu de mistério à busca pela excelência.

Em 1926, as estrelas nasceram, marcando os restaurantes excepcionais com um brilho incomparável. Cinco anos depois, uma hierarquia de estrelas foi introduzida, e em 1936, os critérios foram revelados, iluminando o caminho para a glória culinária.

Ao longo das décadas, a saga dos irmãos ecoou pelo tempo, seu legado eternizado nas páginas dos guias que agora abraçavam o mundo. De uma ideia simples floresceu um império global, uma voz que ecoa além das fronteiras e culturas, uma ode à visão e à compreensão da situação atual.

Hoje, a história desses irmãos permanece como uma inspiração, um testemunho do poder da compreensão e da audácia de enxergar além das circunstâncias. Eles não apenas venderam pneus; eles venderam uma experiência, uma jornada através das estradas da vida, uma busca incessante por momentos inesquecíveis.

Este é o legado dos irmãos Andre e Edouard Michelin, sim, os visionários por trás da marca de pneus que carrega seu sobrenome e do guia de restaurantes mais respeitado do mundo. Um lembrete de que entender a situação atual é o primeiro passo em direção ao horizonte desconhecido, um convite para olhar além do óbvio e abraçar o potencial ilimitado que reside em cada desafio.

Analisando Desafios e Oportunidades

Durante o ano de 2000, na Nuance Comércio e Indústria Óptica, após interromper minha carreira como desportista, ingressei em uma das maiores fábricas de óculos do Brasil com a função de auxiliar de serviços gerais.

No início, minhas responsabilidades incluíam tarefas mais operacionais, como zelar pela guarda, conservação e limpeza dos equipamentos e do ambiente como um todo. No entanto, minha curiosidade e desejo por compreender os processos de fabricação me levaram a explorar cada etapa, desde a chegada da matéria-prima até a revisão final das peças. Durante um período de greve, surgiu a oportunidade de contribuir diretamente para o funcionamento da fábrica, e ao me envolver mais profundamente com as operações, adquiri conhecimento em cada setor, tornando-me versátil e valorizado pela equipe.

Avançando de setor em setor, tornei-me capaz de desempenhar uma variedade de funções. Em 2001, apenas um ano após ingressar na empresa, fui promovido a supervisor, encarregado de supervisionar e integrar os setores, facilitando a comunicação e fortalecendo os laços entre os colaboradores e a gerência. Essa experiência me proporcionou uma visão mais ampla da empresa, aproximando-me do nível tático e permitindo-me absorver conhecimento e habilidades em diversas áreas.

A partir de então, fui convidado a liderar o departamento comercial, assumindo novas responsabilidades relacionadas à gestão de estoque, relacionamento com fornecedores, clientes e representantes comerciais. Durante minha primeira participação na

Expo Óptica Brasil, um evento de grande porte no setor, percebi minha verdadeira paixão pela atividade de representante comercial.

Todo esse percurso que compartilhei até aqui ilustra a importância de saber aproveitar as oportunidades, compreender a situação atual e tomar as decisões certas. É fundamental reconhecer os momentos em que devemos agir e abraçar as possibilidades que se apresentam. Mais adiante, detalharei como essa jornada se expandiu, mas antes disso, é crucial explorar alguns pontos importantes que contribuíram significativamente para minha trajetória profissional.

Em muitas situações, desperdiçamos oportunidades por falta de discernimento ou por não reconhecermos o potencial das circunstâncias que se apresentam. É fácil atribuir culpa às circunstâncias ou a outros, mas muitas vezes somos nós mesmos que não compreendemos as oportunidades que surgem diante de nós. Como disse Mark Twain, "Em toda a minha vida, eu me deparei com grandes e sortudas oportunidades, e sempre que elas foram desperdiçadas, foi por causa da minha própria estupidez ou descuido".

Para evitar cair nessa armadilha, é fundamental buscar orientação divina, conselho de mentores e desenvolver uma identidade e atitude que permitam tomar decisões difíceis com confiança e clareza. Como está escrito em Efésios 5:15-16:

"Tenham cuidado com a maneira como vocês vivem; que não seja como insensatos, mas como sábios, aproveitando ao máximo cada oportunidade, porque os dias são maus".

Assim, é crucial encarar cada oportunidade como uma chance de crescimento e aprendizado, permitindo-nos avançar em direção aos nossos objetivos com sabedoria e discernimento.

Desenvolvi uma estratégia que considero crucial para aproveitar melhor as oportunidades e tomar decisões mais acertadas, chamada de "A Tríade da Decisão". São três princípios que, se seguidos, reduzirão significativamente as chances de tomar decisões erradas.

Buscar orientação divina: Cultivar um relacionamento com Deus permite-nos ser guiado pelo Espírito Santo. Acredite, Ele fala conosco em muitos momentos da vida, oferecendo clareza e direção.

Buscar orientação de um mentor: Um mentor não precisa ser necessariamente um erudito, mas alguém com resultados tangíveis, alguém que já alcançou o que você almeja. Estar próximo de pessoas assim é fundamental para o crescimento. Como encontrar essas pessoas? Existem diversas maneiras, desde investir em mentorias até participar de eventos que propiciem boas conexões.

Desenvolver uma identidade e atitude que permitam tomar decisões difíceis: No empreendedorismo, coragem e ousadia são essenciais para enfrentar desafios e tomar decisões difíceis. É natural cometer erros, e essa identidade precisa ser forte o suficiente para suportar momentos adversos e aprender com eles.

Adaptação às Mudanças do Mercado

Neste capítulo, exploramos juntos a importância vital de compreender nossa situação atual no universo empreendedor e identificar as oportunidades que se manifestam diante de nós. Desde os relatos inspiradores dos irmãos Michelin até minha própria jornada pessoal, destacamos a relevância de adaptar-me às mudanças do mercado e agir com base nessa compreensão.

Através da busca pela orientação divina, mentoria e desenvolvimento de uma identidade resiliente, proponho uma tríade da decisão que nos orienta a enfrentar os desafios do mercado com sabedoria e determinação. Esta abordagem, enraizada nos princípios da minha fé e da confiança em Deus, oferece uma base sólida para lidar com as adversidades e aproveitar as oportunidades que surgem em nossa jornada empreendedora.

Que estas estratégias sejam uma fonte de inspiração e orientação para todos nós, capacitando-nos a abraçar cada oportunidade como um meio de crescimento e aprendizado. Que possamos prosperar não apenas em meio às mudanças, mas também por causa delas, tornando-nos instrumentos de transformação em nossos respectivos campos de atuação.

CAPÍTULO 3

DEFINA OBJETIVOS

Muito se fala sobre metas, não é verdade? "Você precisa ter metas", "sem metas nada se realiza", "as metas são a engrenagem do sucesso" e por aí vai. Mas o que muitos não ensinam é a diferença entre metas e objetivos e que, antes das metas serem estabelecidas, você precisa de clareza sobre a direção que está seguindo. Afinal, como você vai estabelecer metas se nem sabe para onde está indo?

Entender a distinção entre metas e objetivos é fundamental. Enquanto os objetivos delineiam o destino, as metas são os marcos que nos guiam ao longo do caminho. Essa clareza de propósito é essencial para o sucesso, pois nos permite traçar um plano de ação concreto e direcionado.

Era o ano de 2002, uma época repleta de expectativas e possibilidades, quando a oportunidade bateu à minha porta com a força de um destino predestinado. Foi em meio ao burburinho da Expo Óptica Brasil, um evento vibrante e inspirador, que como revelei no capítulo anterior, senti o chamado para uma nova aventura. Esse chamado ecoava além das paredes do centro de convenções, alcançando as profundezas da minha alma.

Cada momento vivido naquele evento foi como uma peça de um quebra-cabeça, uma peça que se encaixava perfeitamente na visão do que eu queria para o meu futuro. E assim, com o fogo da paixão acesa em meu coração, dirigi-me aos portões da oportunidade, ansioso por desbravar novos horizontes e desafiar os limites do possível.

A espera pela resposta pareceu uma eternidade, um período de expectativa carregado de emoções e incertezas. Quando finalmente recebi a notícia, ouvi as palavras que mudariam o curso da minha vida, o mundo ao meu redor pareceu desacelerar, como se o tempo se curvasse diante do poder do destino.

Foi com um misto de entusiasmo e determinação que dei o próximo passo, adentrando um novo capítulo da minha jornada com a convicção de quem conhece o seu propósito. Tornei-me representante comercial, um título que carregava consigo a promessa de uma nova realidade, de novas oportunidades e de uma liberdade outrora desconhecida. Já trabalhava como vendedor das marcas nacionais Van Dort e Levert na capital da cidade do Rio de Janeiro; onde pude experimentar os primeiros passos de tudo o que viveria à frente.

Percorrendo as ruas da cidade, enfrentando desafios e desbravando fronteiras, descobri em mim uma força que não sabia existir, uma coragem que me impulsionava para além dos limites do conhecido. Cada cliente conquistado era uma vitória, cada desafio superado era um degrau a mais na escada do sucesso.

E então, como se guiado por uma mão invisível, encontrei-me diante de uma encruzilhada, que me levaria a novos horizontes e a uma nova compreensão do que significa perseguir os próprios sonhos. A proposta da Oakley, sob a liderança do presidente Salvador Parisi, era mais do que uma oferta de emprego, era uma oportunidade de transcendência, uma chance de elevar-me além das minhas próprias expectativas.

Assim, com a coragem de um pioneiro e a determinação de um visionário, aceitei o desafio que se estendia diante de mim, mergulhando de cabeça em um oceano de possibilidades e promessas. E à medida que os dias passavam e os desafios se tornavam mais intensos, eu sabia, no fundo do meu coração, que estava exatamente onde deveria estar: no centro de uma jornada épica em busca da realização dos meus mais profundos anseios e aspirações.

A importância da clareza

A importância da clareza é fundamental em qualquer empreendimento. Antes de estabelecer metas, é preciso ter uma visão clara do que se deseja alcançar. Para mim, clareza é um misto de elementos essenciais. Em primeiro lugar, a fé desempenha um papel crucial. É necessário acreditar firmemente no caminho que se escolheu, confiando que cada passo dado é parte de um propósito maior. A fé proporciona a determinação e a força necessárias para enfrentar os desafios que surgem no caminho.

Além da fé, a clareza também é moldada pela experiência de vida. Nossos erros e acertos do passado servem como guias para as decisões presentes. Cada experiência vivida, seja ela positiva ou negativa, contribui para o nosso crescimento e nos ensina lições valiosas. Ao olharmos para trás, podemos aprender com nossos erros e fortalecer nossa capacidade de tomar decisões assertivas no presente.

Por fim, o conhecimento desempenha um papel crucial na busca pela clareza. Estar bem informado e preparado é fundamental para enfrentar os desafios que surgem ao longo do caminho empreendedor. A busca constante pelo aprendizado e aquisição de novas habilidades nos capacita a tomar decisões fundamentadas e a aproveitar as oportunidades que se apresentam.

Assim, a clareza é o alicerce sobre o qual construímos nossos objetivos e metas. É a luz que ilumina o caminho, guiando-nos em direção aos nossos sonhos e aspirações. Com fé, experiência e conhecimento, podemos trilhar o caminho do empreendedorismo com confiança e determinação.

A importância da sabedoria na gestão das oportunidades

Em Genesis 27 na história de Esaú, a primogenitura não era apenas uma questão de prestígio familiar; era uma posição que carregava responsabilidades e privilégios significativos. Como filho mais velho, Esaú tinha o direito legal e cultural de receber uma porção maior da herança de seu pai, além de exercer autoridade sobre seus irmãos mais novos após a morte de Isaac.

No entanto, em um momento de fraqueza e impulsividade, Esaú subestimou o valor desse direito. Ele estava faminto e exausto após um dia de caça, quando seu irmão mais novo, Jacó, ofereceu-lhe um prato de lentilhas em troca de sua primogenitura. Esaú, sem considerar as consequências a longo prazo, concordou em fazer a troca.

Essa decisão aparentemente trivial revelou-se desastrosa para Esaú. Ao ceder sua primogenitura por um impulso momentâneo de satisfação, ele perdeu uma parte fundamental de sua identidade e herança familiar. Sua escolha imprudente reflete a falta de clareza sobre o valor de seus direitos e responsabilidades como primogênito.

A história de Esaú nos lembra da importância de considerar cuidadosamente as consequências de nossas escolhas. Ela destaca os perigos de agir por impulso, sem avaliar o verdadeiro significado e impacto de nossas decisões. Ao sacrificar sua primogenitura por um desejo imediato, Esaú ilustra os riscos de trocar o duradouro pelo efêmero, os valores perenes pelos prazeres momentâneos. Ela nos lembra que algumas oportunidades são únicas, irrepetíveis e carregam um peso significativo em nossa jornada. Assim como Esaú, podemos nos deparar com escolhas que parecem simples ou insignificantes no momento, mas que têm o potencial de moldar nosso destino. Que possamos honrar cada oportunidade com discernimento, gratidão e responsabilidade, sabendo que cada decisão molda o curso de nossa jornada.

Transformando sonhos em objetivos e objetivos em metas!

Para transformar sonhos em realidade, é essencial fazer a transição de um mero sonhador para alguém comprometido com a realização. Como discutido neste capítulo, isso requer a definição de objetivos claros, que não apenas delineiam nossas aspirações, mas também refletem nossa identidade e propósito. Assim como disse Steve Jobs, "As pessoas que são loucas o suficiente para pensar que podem mudar o mundo são aquelas que o fazem."

O próximo passo é dar vida a esses objetivos, escrevê-los e compreender profundamente por que são importantes para nós. Devemos visualizar com fé o impacto positivo que alcançaremos ao concretizá-los, lembrando sempre das palavras de Mark Twain: "O segredo para realizar seus sonhos é começar."

Uma inspiração para esse processo é a história de Walt Disney, cujo sonho de criar o lugar mais feliz da terra se tornou a realidade do Disney World. A jornada de Disney é um testemunho vivo de como a persistência, a imaginação e a crença inabalável em seus objetivos podem transformar o impossível em possível. Assim como Disney, cada um de nós pode dar vida aos nossos sonhos, passo a passo, comprometendo-nos a começar e perseverar até alcançar o extraordinário.

Agora que você está alinhado com seus objetivos e pronto para transformar seus sonhos em realização, o próximo passo é criar metas concretas que o conduzirão na jornada em direção ao sucesso. No próximo capítulo, explorarei minha própria trajetória e compartilharei estratégias sobre como estabelecer metas eficazes para alcançar seus objetivos. Este é apenas o começo de uma jornada emocionante em direção à concretização dos seus mais profundos anseios e aspirações.

CAPÍTULO 4

DEFINA METAS
PARA ATINGIR OBJETIVOS

N a imensidão do cenário global da Oakley, mergulhei em um mundo onde a excelência era o padrão e a inovação, a marca registrada. Entre os nomes ilustres que compunham o hall de atletas e personalidades vinculadas à marca, destaco figuras como Michael Phelps, Michael Jordan, Michael Schumacher, Fernando Alonso, Kelly Slater, Gabriel Medina, Felipe Toledo, Ítalo Ferreira, Tiger Woods, Lance Armstrong, e tantos outros ícones do esporte que desfilavam o símbolo da Oakley com orgulho e paixão.

Nesse contexto, cada detalhe dos produtos, cada estratégia de marketing, cada inovação tecnológica, contribuía para consolidar a posição da Oakley como referência absoluta em seu segmento. Sob a liderança visionária de Jim Jannard, a marca desafiava os limites entre arte e ciência, incorporando tecnologia de ponta e design arrojado em cada produto.

Minha jornada na Oakley foi muito mais do que uma experiência profissional; foi uma imersão em uma cultura de excelência e comprometimento. Ao absorver a expertise dos profissionais ao meu redor, como Luiz Henrique Sabóia Campos, conhecido como Pinga, e Simone Ferraz, mergulhei em um universo de conhecimento e aprendizado constante. A oportunidade de trabalhar lado a lado com atletas de renome mundial e participar de eventos como o Tour de France, onde Lance Armstrong lançou os revolucionários óculos eletrônicos da Oakley, foi um privilégio que moldou minha visão e minha trajetória.

Enquanto eu enfrentava os desafios diários e me adaptava à intensidade do ambiente corporativo, foi necessário mais do que simplesmente navegar pelas águas turbulentas do mercado. Era preciso traçar um curso claro e determinado, estabelecendo metas precisas e mensuráveis para guiar meu caminho rumo ao sucesso. Da gestão de vendas à implantação de novos sistemas tecnológicos, cada meta alcançada representava um passo sólido em direção aos meus objetivos pessoais e aos objetivos estratégicos da empresa.

Assim, ao longo de três anos de desafios e conquistas, vivi o verdadeiro espírito Oakley, deixando minha marca em cada projeto, em cada iniciativa, e em cada meta alcançada. Essa experiência transformadora não apenas moldou minha carreira, mas também moldou minha visão de mundo, inspirando-me a alcançar novos patamares de excelência e comprometimento em tudo que faço.

Estabelecendo Metas Mensuráveis

Estabelecer metas mensuráveis é fundamental para o progresso pessoal e profissional. Essas metas são aquelas que podem ser quantificadas, avaliadas e acompanhadas ao longo do tempo, proporcionando uma visão clara do progresso alcançado e das áreas que precisam de ajustes. Ao definir metas mensuráveis, podemos identificar com precisão nosso desempenho e tomar medidas para melhorar e atingir nossos objetivos.

A citação de Lord Kelvin, "Se você não pode medi-lo, não pode melhorá-lo", ressalta a importância da mensuração no processo de melhoria contínua. A capacidade de medir nosso progresso nos permite identificar áreas de sucesso e áreas que exigem mais atenção e esforço. Com metas mensuráveis, podemos ajustar nossas estratégias, identificar padrões e tendências, e manter o foco em nossos objetivos finais.

A história inspiradora de Flávio Augusto da Silva é um exemplo vívido de como estabelecer metas mensuráveis pode transformar vidas e levar ao sucesso extraordinário. Nascido e criado na periferia do Rio de Janeiro, Flávio enfrentou desafios inúmeros desde cedo. Sua jornada começou como vendedor de cursos de inglês em um orelhão, mas sua visão e determinação o levaram a conquistar muito mais.

Flávio percebeu a demanda crescente por inglês para adultos e decidiu inovar, lançando a Wise Up, uma escola de inglês completa em 18 meses; sendo uma das escolas em que me formei. Com metas claras e mensuráveis, ele e sua esposa, Luciana, investiram seu tempo e recursos para expandir o negócio. Aos 26 anos, Flávio já havia construído uma rede de 24 escolas e 1,2 mil funcionários.

Sua história de sucesso não parou por aí. Flávio diversificou seus negócios, adquirindo o clube de futebol Orlando City, nos Estados Unidos, e expandindo sua atuação para novos horizontes. Através de metas mensuráveis e uma mentalidade empreendedora, ele alcançou feitos notáveis e inspirou milhões de pessoas ao redor do mundo.

O exemplo de Flávio Augusto da Silva destaca a importância de estabelecer metas claras e mensuráveis em nosso caminho para o sucesso. Quando definimos nossos objetivos com precisão e acompanhamos nosso progresso de perto, criamos as bases para realizar feitos extraordinários e transformar nossos sonhos em realidade.

Como estabelecer metas mensuráveis na prática?

Estabelecer metas claras e mensuráveis é essencial para orientar o progresso e o sucesso de qualquer empreendimento. Neste contexto, vamos explorar algumas diretrizes práticas para definir e acompanhar metas que impulsionem o crescimento e a realização dos objetivos empresariais.

Seja específico e realista:

Antes de tudo, é crucial definir metas específicas e realistas. Evite objetivos vagos e imprecisos, como "aumentar as vendas". Em vez disso, estabeleça metas mensuráveis, como "aumentar as vendas em 30% nos próximos 6 meses". Certifique-se de que suas metas estejam alinhadas com a capacidade atual do seu negócio e os recursos disponíveis, garantindo que sejam realizáveis dentro do prazo estipulado.

Utilize indicadores-chave de desempenho (KPIs):

Os KPIs são métricas específicas utilizadas para medir o desempenho e o progresso em direção às metas estabelecidas. Identifique os KPIs mais relevantes para o seu negócio, como receita mensal, número de clientes adquiridos, taxa de conversão de vendas, entre outros. Esses indicadores servirão como ferramentas essenciais para monitorar e avaliar o sucesso das suas metas.

Defina prazos claros:

Estabeleça prazos definidos para cada uma das suas metas. A definição de um horizonte de tempo ajuda a criar um senso de urgência e comprometimento com as ações necessárias para atingir os objetivos. Determine prazos realistas e factíveis, levando em consideração a complexidade e os recursos necessários para alcançar cada meta.

Acompanhe o progresso regularmente:

Mantenha um registro detalhado do progresso em relação às suas metas. Utilize ferramentas de gestão de negócios, como softwares de análise e relatórios personalizados, para monitorar os indicadores-chave e avaliar o desempenho do seu negócio ao longo do tempo. Faça ajustes na estratégia, se necessário, com base nas informações coletadas durante o acompanhamento regular do progresso.

Estimule o engajamento da equipe:

Compartilhe as metas estabelecidas com sua equipe e envolva-os ativamente no processo de definição e alcance dos objetivos. Estimule a participação, forneça feedback constante e reconheça o desempenho excepcional dos colaboradores. O envolvimento da equipe é essencial para o sucesso da implementação das metas e para a criação de um ambiente de trabalho colaborativo e motivador.

Faça ajustes quando necessário:

Esteja preparado para fazer ajustes na sua estratégia de metas conforme necessário. Se perceber que suas metas estão muito ambiciosas ou pouco desafiadoras, não hesite em revisá-las e adaptá-las à medida que novas informações e circunstâncias surgirem. O estabelecimento de metas é um processo dinâmico e flexível, que requer uma abordagem iterativa e adaptativa para garantir o sucesso a longo prazo.

Estabelecer metas mensuráveis é um passo fundamental para o crescimento e a realização dos objetivos empresariais. Ao seguir essas diretrizes práticas e manter um compromisso constante com o acompanhamento e ajuste das metas, sua empresa estará melhor posicionada para alcançar o sucesso a longo prazo.

64

A Importância do Plano de Ação

Desenvolver um plano de ação sólido é essencial para atingir metas de forma eficaz e organizada.

"Um objetivo sem um plano é apenas um desejo."

Antoine de Saint-Exupéry.

Um plano de ação é uma ferramenta estratégica que define etapas para completar uma tarefa específica, facilitando sua realização. Ele desempenha um papel fundamental no planejamento estratégico das empresas, no desenvolvimento individual dos colaboradores e na busca por objetivos pessoais.

Um bom plano de ação deve conter:

- Uma descrição clara do objetivo a ser alcançado.

- Tarefas e etapas necessárias para atingir o objetivo.

- Responsáveis por cada atividade.

- Prazos definidos para a conclusão de cada tarefa.

- Recursos necessários para realizar as atividades.

- Métricas para avaliar o progresso.

É importante ressaltar que o plano de ação não é estático. À medida que a empresa evolui e os objetivos mudam, o plano deve ser ajustado para atender às novas necessidades e realidades do negócio.

Por que um Plano de Ação é Importante?

É comum que equipes queiram agir imediatamente, sem um planejamento prévio. No entanto, essa abordagem pode levar a erros e falta de direção. O planejamento adequado ajuda a antecipar obstáculos, focar esforços e trabalhar de forma mais produtiva.

As principais vantagens de um plano de ação incluem:

Direção:

O plano de ação funciona como um mapa, orientando o caminho para alcançar o objetivo.

Motivação:

Ter as etapas planejadas mantém a equipe motivada e focada no resultado final.

Acompanhamento:

Facilita o acompanhamento das tarefas e do progresso em direção ao objetivo.

Priorização:

Ajuda a identificar e priorizar as atividades mais importantes para alcançar o objetivo.

Como Criar um Plano de Ação? 6 Boas Práticas

1- Defina um objetivo final:

Estabelecer um objetivo claro e mensurável é o primeiro passo para criar um plano de ação eficaz. Utilize metodologias como SMART, 5W2H e PDCA para garantir que o objetivo seja específico, mensurável, alcançável, relevante e com um prazo definido.

Por exemplo, se o objetivo é aumentar as vendas, uma meta SMART seria: "Aumentar as vendas em 20% até o final do próximo trimestre".

2- Liste as etapas a serem seguidas:

Identifique as tarefas necessárias para alcançar o objetivo definido. Divida o objetivo em etapas menores e mais gerenciáveis, atribuindo responsáveis para cada uma delas e definindo prazos realistas.

Por exemplo, se o objetivo é aumentar as vendas, as etapas podem incluir: pesquisa de mercado, desenvolvimento de estratégias de marketing, treinamento da equipe de vendas, entre outras.

3- Estabeleça milestones:

Os milestones são marcos intermediários que ajudam a manter a equipe motivada e a acompanhar o progresso em direção ao objetivo final. Eles dividem o caminho em partes menores e tangíveis, facilitando o acompanhamento do progresso.

Por exemplo, se o objetivo é aumentar as vendas, um milestone poderia ser alcançar um aumento de 10% nas vendas no final do primeiro mês.

4- Identifique os recursos necessários:

Certifique-se de que possui os recursos adequados para executar o plano de ação. Isso inclui recursos financeiros, humanos, tecnológicos e materiais. Identifique quais recursos são necessários para cada etapa do plano e verifique se estão disponíveis.

Por exemplo, se o objetivo é aumentar as vendas, os recursos necessários podem incluir investimento em campanhas de marketing, contratação de novos funcionários e atualização de equipamentos de vendas.

5- Registre o plano de ação em um documento acessível:

Utilize ferramentas online e formatos visuais para criar um plano de fácil compreensão e compartilhamento. Garanta que toda a equipe tenha acesso ao plano de ação e entenda claramente suas responsabilidades e prazos.

Por exemplo, o plano de ação pode ser registrado em uma planilha compartilhada na nuvem ou em um software de gerenciamento de projetos.

6- Monitore e atualize regularmente:

Acompanhe o progresso do plano de ação de forma regular, fazendo ajustes conforme necessário. Utilize indicadores de desempenho para avaliar o progresso em relação às metas estabelecidas e tome medidas corretivas quando necessário.

Por exemplo, se o objetivo é aumentar as vendas, monitore os resultados de vendas diariamente e ajuste as estratégias de marketing conforme o desempenho.

Ao seguir essas práticas, você estará mais preparado para executar um plano de ação eficaz e alcançar seus objetivos com sucesso.

Adaptabilidade e Revisão de Metas

A jornada em direção à realização de metas nem sempre é linear. É essencial abordar a adaptação e revisão das metas conforme necessário ao longo do caminho. Como nos lembra Provérbios 16:9, "O coração do homem planeja o seu caminho, mas o Senhor determina os seus passos". Essa persistência inclui a capacidade de se ajustar, aprender com os desafios e manter o foco mesmo diante das adversidades. À medida que avançamos em direção aos nossos objetivos, é fundamental estar aberto a mudanças, reavaliar estratégias e redirecionar esforços quando necessário.

Neste capítulo, exploramos os fundamentos para estabelecer metas claras, criar planos de ação sólidos e cultivar uma mentalidade adaptável. Como nos ensina Jeremias 29:11, "Porque sou eu que conheço os planos que tenho para vocês', diz o Senhor, 'planos de fazê-los prosperar e não de causar dano, planos de dar a vocês esperança e um futuro". Ao definir objetivos específicos, acompanhar o progresso e permanecer comprometido com o processo, estamos dando passos concretos em direção ao sucesso. Encorajo todos os leitores a aplicarem esses princípios em suas próprias vidas, traçando planos específicos e persistentemente buscando o que desejam alcançar. Com determinação e flexibilidade, cada um de nós pode transformar sonhos em realidade e alcançar um futuro de realização e prosperidade.

CAPÍTULO 5

A GESTÃO EFICIENTE DO TEMPO

Dominar a gestão do tempo é mais do que simplesmente atribuir horas a diferentes tarefas. É um processo meticuloso de organizar e planejar como distribuir suas energias e recursos temporais entre uma variedade de atividades. Quando realizado com eficácia, você não apenas trabalha de maneira mais inteligente e eficiente, mas também alcança mais em menos tempo, mesmo diante de pressões e limitações temporais. Os indivíduos mais bem-sucedidos não apenas administram seu tempo, mas o fazem de maneira excepcional. Uma gestão do tempo eficiente resulta em melhores resultados em prazos mais curtos, proporcionando maior liberdade temporal, aprimorando o foco, aumentando a produtividade, reduzindo o estresse e, acima de tudo, reservando momentos preciosos para estar com aqueles que mais valorizamos.

Aprender a arte da gestão do tempo não apenas impulsionou meu crescimento profissional, mas também gerou uma transformação significativa em minha carreira.

Com o desdobramento da minha trajetória profissional, novos horizontes se abriram diante de mim, carregados de grandes responsabilidades e desafios insondáveis. O caminho rumo à excelência se revelou repleto de experiências extraordinárias, marcadas pela participação em renomados eventos, palestras e congressos ópticos ao redor do globo. De São Paulo a Milão, Paris e além, testemunhei o pulsar vibrante do mercado óptico mundial, imergindo-me em uma jornada de aprendizado contínuo e superação constante. Cada Expo Óptica, cada Ajorsul, cada MIDO e SILMO não apenas ampliaram meus horizontes profissionais, mas também nutriram em mim uma nova paixão: as palestras.

Foi através desses encontros memoráveis que descobri o poder transformador das palavras, o poder de informar, educar e inspirar mudanças profundas nos corações e mentes daqueles envolvidos no universo do varejo óptico. Com um engajamento visceral, disseminei uma visão renovada dos negócios, incutindo nos participantes o reconhecimento do valor intrínseco das vendas para os varejistas e destes para os clientes. Os feedbacks calorosos e os números expressivos testemunhavam a eficácia desse processo, evidenciando uma integração sinérgica dos times e um alcance extraordinário de resultados.

Em agosto de 2005, após quase três anos de dedicação incansável à Oakley do Brasil, o destino me reservou uma nova jornada: o convite para integrar a maior holding do mercado óptico mundial, a gloriosa Luxottica Group. A história imponente e a magnitude da Luxottica ecoavam por décadas de excelência e visão empreendedora. Sob a liderança visionária de Leonardo Del Vecchio, a empresa ascendeu ao panteão dos gigantes, erguendo-se como um símbolo de design, inovação e qualidade em todo o mundo. Da Itália ao Brasil, meu papel como representante comercial da icônica Ray-Ban representava o apogeu de uma carreira dedicada ao universo dos óculos.

Assumindo o desafio com determinação inabalável, tracei um novo horizonte de possibilidades, coordenando estratégias de expansão, forjando parcerias sólidas e estabelecendo padrões inéditos de excelência no mercado. Com uma visão holística e uma paixão inextinguível pelo meu ofício, tornei-me um catalisador de mudanças, capacitando líderes, impulsionando vendas e redefinindo os paradigmas do sucesso. Das palestras aos sales meetings, das análises técnicas às decisões estratégicas, cada passo moldou meu percurso e forjou meu compromisso inabalável com a excelência. Assim, entre vitórias e desafios, tracei um legado de conquistas e aprendizados que ecoará por gerações vindouras.

7 benefícios essenciais em administrar meu tempo

Toda essa jornada me proporcionou um domínio aprimorado na gestão eficiente da minha rotina, compreendendo que, de fato, ninguém pode gerir o tempo, pois este flui ininterruptamente. O que realmente aprendi foi a gerenciar meu estilo de vida. É fundamental compreender que o gerenciamento do tempo é, na verdade, o gerenciamento da própria vida.

Dessa trajetória, extraí sete benefícios essenciais em administrar meu tempo de forma eficaz:

1 - Redução do estresse: O gerenciamento do tempo diminui os níveis de estresse e eleva a confiança, aliviando a ansiedade decorrente da pressão. Evitar sobrecargas garante que não nos sintamos exaustos constantemente, permitindo uma produtividade mais consciente e efetiva.

2- Equilíbrio entre vida profissional e pessoal: Com uma boa gestão do tempo, compreendemos o valor desse recurso e como podemos alcançar nossos objetivos de maneira mais eficiente, proporcionando momentos de qualidade com a família e as pessoas que amamos.

3- Liberdade de tempo: As técnicas de gerenciamento de tempo garantem a liberdade de dedicar-se às atividades que mais valorizamos, além de nos ajudar a focar nas prioridades mais importantes, possibilitando uma escolha consciente sobre como investir nosso tempo.

4- Aumento do foco: Uma gestão eficaz do tempo amplia nossa capacidade de concentração e melhora nossa produtividade, permitindo aproveitar melhores oportunidades e investir mais tempo no que é prioritário para nós.

5- Aumento da produtividade: Boas habilidades de gerenciamento de tempo resultam em uma produtividade ampliada, pois nos possibilitam planejar nosso dia de forma mais estratégica, maximizando a eficácia de nossas ações.

6- Redução da procrastinação: A má gestão do tempo está diretamente relacionada à procrastinação, pois a falta de clareza e foco nos objetivos pode gerar distrações. Desenvolver habilidades eficazes de gerenciamento do tempo nos coloca no controle de nossa carga de trabalho, diminuindo a procrastinação.

7- Simplificação das tarefas: Uma gestão eficiente do tempo simplifica a resolução de tarefas, proporcionando mais clareza e confiança em nossas habilidades. Ao assumirmos o controle do nosso tempo, ganhamos maior capacidade de lidar com os desafios do dia a dia, reduzindo o sentimento de sobrecarga e frustração.

Você pode estar se indagando: como posso, na prática, aprimorar minha gestão de tempo?

Estabeleça prioridades

No cotidiano, algumas tarefas se destacam pela sua relevância. Por exemplo, uma demanda pode ter um prazo mais apertado que outras, ou talvez seja necessário concluir a tarefa A antes de passar para a tarefa B.

Essa mesma lógica se aplica aos objetivos de longo prazo, seja almejando uma promoção ou reservando mais tempo para um hobby. Identificar suas prioridades é o primeiro passo para uma gestão eficaz do tempo. Tanto funcionários quanto gestores precisam ter clareza sobre suas principais metas.

A Matriz de Eisenhower é um método eficaz para priorizar as tarefas diárias, nomeado em homenagem a Dwight D. Eisenhower, o 34º presidente dos Estados Unidos, reconhecido por sua eficiência e disciplina. Essa abordagem classifica as tarefas em quatro quadrantes, conforme sua importância e urgência.

Planeje seu dia

Um objetivo sem um plano é apenas um desejo. Sem uma organização diária sólida, melhorar suas habilidades de gerenciamento de tempo pode parecer uma tarefa árdua. Organizar seu dia, priorizar tarefas e monitorar seu progresso são passos fundamentais para atingir objetivos maiores.

Há diversas maneiras eficazes de organizar o dia e obter resultados imediatos, como fazer listas de tarefas diárias, considerando possíveis interrupções ou reduzindo o tempo gasto em atividades repetitivas.

Evite a multitarefa

Apesar de elogiada por muitos, a multitarefa pode prejudicar suas habilidades de gerenciamento de tempo. Estudos mostram que ela afeta negativamente a concentração em tarefas importantes e a memória de trabalho.

Concentre-se em uma tarefa de cada vez, dividindo as complexas em etapas menores e finalizando-as antes de iniciar uma nova.

Elimine distrações

Nosso cotidiano está repleto de distrações, especialmente no ambiente de trabalho em casa. Reduza a exposição a distrações, afastando-se do telefone e definindo um espaço de trabalho. Aprenda a dizer não a responsabilidades além do seu limite.

Utilize aplicativos de gestão de tempo

A tecnologia pode ser uma aliada valiosa. Aplicativos como o Rescuetime ajudam a organizar tarefas e a manter o foco, enquanto o Toggl Track registra o tempo dedicado a cada atividade.

Faça pausas

Não subestime a importância das pausas. Ignorá-las pode levar a exaustão e estresse. Afaste-se do trabalho por alguns minutos a cada duas horas para preservar sua saúde mental e aumentar sua eficiência global.

Delegação Inteligente

Delegação inteligente é uma habilidade essencial para uma gestão eficaz do tempo e uma equipe produtiva. Ao distribuir responsabilidades de maneira estratégica, os líderes não apenas aliviam sua carga de trabalho, mas também capacitam os membros da equipe a desenvolverem suas habilidades e contribuírem para os objetivos em comum. A importância em delegar reside na compreensão de que nem todas as tarefas precisam ser realizadas pessoalmente e que confiar nos outros para executar certas atividades libera tempo e energia para focar em questões mais estratégicas e de alto impacto.

Ao praticar a delegação inteligente, os líderes devem considerar as habilidades e competências individuais de cada membro da equipe, atribuindo responsabilidades que estejam alinhadas com suas capacidades e interesses. Isso não apenas aumenta a eficiência da equipe, mas também promove um ambiente de trabalho onde cada pessoa se sente valorizada e empoderada. A frase de Phil Jackson, "A força de uma equipe está em cada membro individual. A força de cada membro está na equipe", ressalta a importância da colaboração e do apoio mútuo dentro de um grupo.

Além disso, a delegação inteligente promove o desenvolvimento profissional dos membros da equipe, permitindo-lhes assumir novos desafios e expandir seu conjunto de habilidades. Ao dar autonomia para que os membros realizem tarefas e tomem decisões, os líderes estão investindo no crescimento e no fortalecimento do grupo como um todo. Portanto, a habilidade de delegar não apenas otimiza o tempo do líder, mas também contribui para o crescimento e a coesão da equipe, impulsionando o alcance de metas e objetivos comuns.

Em suma, a prática da delegação inteligente é fundamental não apenas para a gestão eficaz do tempo, mas também para o fortalecimento e crescimento contínuo de uma equipe. Ao confiar responsabilidades e empoderar os membros, os líderes criam um ambiente propício para o desenvolvimento individual e coletivo. Como mencionado em Eclesiastes 3:1, "Para tudo há uma ocasião certa; há um tempo certo para cada propósito debaixo do céu", reconhecemos que o tempo é um recurso precioso que deve ser usado com sabedoria. Portanto, ao praticar a delegação inteligente e buscar o equilíbrio entre responsabilidades, estamos seguindo não apenas princípios práticos de gestão, mas também diretrizes espirituais de discernimento e aproveitamento do tempo concedido por Deus.

CAPÍTULO 6

PERSISTÊNCIA E RESILIÊNCIA

Na jornada empreendedora, há uma habilidade que se destaca como uma das mais cruciais: a persistência e resiliência. Essas são as qualidades fundamentais que pavimentam o caminho para o sucesso de qualquer empreendedor. Ao longo dos meus 10 anos de dedicação a essa multinacional, acumulei um conhecimento inigualável, preparando-me para enfrentar novos desafios. Minha jornada começou em meio a ambientes dinâmicos de vendas, onde cada dia era um novo teste de habilidades e resistência. Aprendi a arte da negociação e a importância do relacionamento interpessoal, aspectos que se mostraram cruciais para o desenvolvimento profissional.

Contudo, nada disso teria sido possível sem uma dose extra de persistência e resiliência. Em momentos de adversidade, quando o cansaço e o desânimo batiam à porta, aprendi que a mente de um verdadeiro líder precisa transcender esses sentimentos negativos. A cada conquista, percebia que o esforço valia a pena. Porém, por trás de cada prêmio e reconhecimento, havia incontáveis horas de trabalho árduo e dedicação incansável. Cada desafio superado representava não apenas uma vitória pessoal, mas também uma prova de que a persistência é a chave para alcançar os objetivos mais ambiciosos.

Durante essa jornada, fui agraciado com diversos prêmios em reconhecimento à minha persistência incansável. Recebi o título de "Destaque em Vendas" nos anos de 2009, 2010 e 2011, além de ser mencionado como um dos principais vendedores do Brasil em 2012 e 2013. Cada prêmio representava não apenas uma conquista individual, mas também o resultado de um trabalho em equipe e da sinergia entre colegas e parceiros de negócios. Além disso, em 2014, participei do prestigioso programa Luxottica Academy, onde tive a oportunidade de me aprimorar no Programa Think Optical! I e Sun Rise. Essas conquistas não apenas solidificaram minha reputação, mas também chamaram a atenção de varejistas com quem mantinha relacionamentos sólidos.

Surgiram convites para me tornar sócio em alguns empreendimentos do varejo, e à medida que amadurecia a ideia, também me preparava para novos desafios. Sob a liderança inspiradora de Marcelo Pacheco, desbravamos novas áreas de atuação, impulsionando não apenas os negócios, mas também a economia e a sociedade como um todo. No entanto, nem tudo foram flores. Conforme minha jornada avançava, novas políticas e restrições impostas pela matriz italiana limitavam minha atuação como representante comercial. Os ganhos diminuíam, as oportunidades rareavam, e a rigidez da estrutura empresarial tornava o trabalho cada vez mais desafiador. Diante dessas adversidades, comecei a vislumbrar novos horizontes no mercado varejista do Rio de Janeiro. Nos anos de 2014 e 2015, o segmento passou por transformações profundas, e enquanto a Luxottica ditava as regras, eu buscava meu próprio caminho no mundo do varejo óptico.

O processo de transição para o setor varejista foi repleto de desafios e aprendizados. A incerteza do novo mercado exigiu não apenas resiliência, mas também uma visão estratégica e adaptabilidade às mudanças. Orientado por mentores e impulsionado pela determinação, dei os primeiros passos rumo ao empreendedorismo, tornando-me sócio e acionista de minha primeira ótica. Nessa transição, aprendi a valorizar eventos motivacionais e estratégias comportamentais que impulsionam o ser humano em direção ao sucesso. Em meio às mudanças e instabilidades do mercado, compreendi que a resiliência seria minha maior aliada. Assim, mesmo diante dos desafios e incertezas, encontrei forças para abraçar novas oportunidades e trilhar meu próprio caminho no universo empreendedor.

O poder da resiliência

Eu ainda vou continuar a te contar sobre a minha jornada empreendedora, mas eu quero te inspirar com outra história. Uma história que exemplifica o verdadeiro poder da resiliência e determinação, características essenciais para todo empreendedor que almeja o sucesso.

Houve um homem, cuja paixão pelo automobilismo o levou a criar algo notável. Esse indivíduo, nascido em uma família humilde no Japão, enfrentou inúmeros obstáculos desde cedo. Soichiro, desde tenra idade, mostrou uma inclinação para desmontar e montar objetos mecânicos. Contudo, sua jornada empreendedora estava longe de ser uma linha reta para o sucesso.

No início de sua carreira, Soichiro enfrentou reveses que teriam desanimado muitos. Ele tentou entrar em uma empresa que fabricava peças automotivas, mas foi rejeitado. No entanto, longe de se deixar abater, Soichiro perseverou. Ele começou a trabalhar em sua própria oficina, onde construía peças automotivas artesanais. Mas isso também não foi fácil. Ele enfrentou inúmeros fracassos e decepções, com muitos de seus primeiros projetos sendo mal sucedidos.

A vida de Soichiro foi uma montanha-russa de altos e baixos. Ele perdeu sua oficina em um incêndio devastador que consumiu todos os seus protótipos e recursos. Enquanto muitos teriam desistido diante de tal adversidade, Soichiro viu isso como uma oportunidade de recomeçar e aprender com os erros do passado.

Mas os desafios não pararam por aí. Durante anos, Soichiro enfrentou dificuldades financeiras e críticas implacáveis de seus detratores. No entanto, ele persistiu, acreditando apaixonadamente na visão que tinha para o futuro do automobilismo.

Finalmente, após décadas de trabalho árduo, Soichiro fundou sua própria empresa automobilística. Ele transformou seus sonhos em realidade, lançando uma das marcas mais icônicas da indústria automobilística. Sua empresa não apenas produziu carros, mas também motores revolucionários que desafiaram as convenções da época.

O nome dessa empresa? Honda. Soichiro Honda, com sua resiliência e determinação inabalável, provou que os fracassos não são o fim, mas sim oportunidades disfarçadas. Sua história é um testemunho inspirador do poder da resiliência em face da adversidade.

O caminho do êxito

Na jornada empreendedora, aprendemos que a resiliência e a persistência são os pilares do sucesso. Soichiro Honda, com sua história marcada por fracassos e reviravoltas, nos ensina que os obstáculos são apenas oportunidades disfarçadas. Assim como ele, enfrentamos desafios que testam nossa determinação e capacidade de superação. A persistência, aliada à resiliência, nos impulsiona a seguir em frente, mesmo diante das adversidades mais difíceis.

Charles Chaplin uma vez disse: "A persistência é o caminho do êxito." Essas palavras ressoam profundamente em nossas jornadas individuais. Aqueles que persistem, apesar das falhas e contratempos, são os que alcançam o sucesso. É a capacidade de manter o foco em nossos objetivos, mesmo quando tudo parece desmoronar ao nosso redor, que nos leva à vitória final.

Na Bíblia, encontramos a história de José, filho de Jacó, cuja resiliência o levou da escravidão à posição de poder no Egito. Apesar de enfrentar traições, injustiças e anos de prisão injusta, José nunca perdeu sua fé nem sua determinação. Sua história nos lembra que, mesmo nos momentos mais sombrios, podemos encontrar força para perseverar e alcançar grandes feitos. Assim como José, somos chamados a manter nossa fé e confiança em Deus, sabendo que Ele nos capacitará a superar qualquer adversidade.

Portanto, que possamos seguir o exemplo de Soichiro Honda, lembrando-nos sempre da importância da resiliência e da persistência em nossas jornadas empreendedoras. Que a história de José nos inspire a enfrentar os desafios com coragem e fé, sabendo que, no final, a perseverança nos levará à vitória.

CAPÍTULO 7

LIDERANÇA E VISÃO EMPREENDEDORA

Ao longo das páginas anteriores, desvendamos diversas facetas que compõem o perfil de um empreendedor de sucesso. São nuances que moldam a sua estrutura comportamental e delineiam o caminho que ele percorre. A jornada empreendedora, como tenho afirmado ao longo deste livro, é uma verdadeira arte, repleta de cores vibrantes, curvas desafiadoras, picos de êxito e vales de desânimo. Engana-se quem acredita que seja uma trajetória simples e rápida. Para aqueles que observam de longe, pode até parecer que o sucesso acontece da noite para o dia, mas para quem está imerso no processo, sabe que cada passo é árduo, marcado por esforço e superação. No entanto, posso afirmar com convicção: cada desafio superado vale a pena, e é isso que torna essa jornada tão extraordinária.

Agora, adentramos o território da liderança e da visão empreendedora, duas qualidades intrínsecas àqueles que desejam se destacar como verdadeiros artífices do empreendedorismo. Aqui, "artista" não se refere à fama ou ao palco, mas sim à capacidade de criar, de inovar, de trilhar um caminho único e autêntico. Ser um empreendedor significa ir além, romper com o comum e ousar explorar novos horizontes. É sobre ter uma visão clara do futuro, mesmo que o presente pareça incerto. É sobre liderar com inspiração, motivando não apenas a si mesmo, mas também a equipe que o acompanha nessa jornada. É sobre acreditar que o que se faz é algo significativo, algo que pode mudar vidas e impactar positivamente o mundo ao redor. É sobre viver uma vida que foge do comum, uma vida que reflete a coragem de transformar sonhos em realidade, mesmo diante das adversidades.

Neste capítulo, vamos mergulhar mais fundo nesses princípios fundamentais do empreendedorismo. Vamos explorar como a liderança e a visão empreendedora se entrelaçam, como se complementam e como podem ser cultivadas e aprimoradas ao longo da jornada empreendedora. Prepare-se para descobrir os segredos por trás das grandes mentes empreendedoras, aqueles que ousaram sonhar, liderar e transformar, deixando um legado de inovação e inspiração para as gerações futuras.

A Jornada na QualiÓtica

Desliguei-me da Luxottica em Maio de 2015, expressando gratidão por cada experiência, oportunidade e relacionamento cultivado. Saí da empresa enriquecido com conhecimento e com um instinto empreendedor mais aguçado. Ao redirecionar minha energia para a QualiÓtica, mergulhei no desafio de gerir no varejo, traçando análises de mercado detalhadas e planos estratégicos para integrar novos produtos e serviços. Priorizei o engajamento, essencial para a execução eficaz de nossos estudos e planos.

Como está em Provérbios 16:3: "Consagre ao Senhor tudo o que você faz, e os seus planos serão bem-sucedidos", decidi dedicar meu trabalho à orientação divina, reconhecendo que o sucesso em meus empreendimentos dependia da minha conexão com Deus e da minha diligência no trabalho.

A QualiÓtica, com mais de 30 anos de história, destaca-se no ramo de óticas pelo atendimento humanizado e de qualidade. Como parte de um grupo varejista renomado do Rio de Janeiro, atendemos mais de 200.000 clientes com elevados índices de satisfação, refletindo nosso compromisso com a excelência no serviço ao cliente.

"Ensina a criança no caminho em que deve andar, e ainda quando for velho, não se desviará dele" (Provérbios 22:6). Assim como orientamos nossos filhos, guiei minha equipe com base em princípios sólidos, capacitando-os para enfrentar desafios e crescer em suas habilidades profissionais e pessoais.

Percebendo a necessidade de uma conexão mais profunda com minha equipe, busquei capacitar-me como coach de vida e carreira, além de aprimorar minhas habilidades empreendedoras por meio de programas como o "Master Business" e o "Sales Mastery". Essas experiências não só ampliaram meu conhecimento, mas também fortaleceram meu compromisso com o desenvolvimento pessoal e profissional dos colaboradores.

Em 2019, conquistei o título de gestor comercial e tornei-me especialista em gestão empresarial e inteligência competitiva, alcançando novos patamares no mercado óptico. "Confia no Senhor de todo o teu coração, e não te estribes no teu próprio entendimento" (Provérbios 3:5). Confiei na orientação divina em cada passo da minha jornada empreendedora, reconhecendo que meu sucesso era uma parceria entre minha habilidade e a providência divina.

Embora tenha enfrentado desafios hierárquicos e conflitos internos ao longo dos anos, desenvolvi atributos essenciais do empreendedorismo, como persistência, determinação e liderança. "Sê forte e corajoso; não temas, nem te espantes, porque o Senhor teu Deus é contigo, por onde quer que andares" (Josué 1:9). Essas palavras fortaleceram minha determinação e me lembraram de que, com fé e coragem, poderia superar qualquer obstáculo em meu caminho.

Minha paixão pela cultura e empreendedorismo nos Estados Unidos ampliou meus horizontes, alimentando meu desejo de buscar novos caminhos para o crescimento pessoal e profissional. Ao longo de doze anos, estabeleci conexões e aprendi lições valiosas que moldaram minha visão empreendedora e prepararam-me para novos desafios, especialmente nos Estados Unidos, onde planejo empreender e contribuir com a comunidade local.

"O maior líder não é necessariamente aquele que faz coisas notáveis. Ele é aquele que faz com que as pessoas façam coisas notáveis."

Ronald Reagan

Lições de Liderança e Empreendedorismo

Bernardinho, o renomado técnico de vôlei, emerge como um exemplo incontestável de liderança. Sua jornada é permeada por princípios que transcendem o esporte, refletindo valores fundamentais para qualquer empreendedor. Ao presenciar sua trajetória, percebo a importância de guardar valores inabaláveis, alicerces essenciais para o sucesso.

A integridade, como sustentáculo, permeia cada aspecto da liderança. É o alicerce sobre o qual repousam todas as ações e decisões. Assim como Bernardinho, compreendo que a ética e a moral são os pilares de uma liderança duradoura. Meu percurso empreendedor foi moldado por esse princípio, guiado pela convicção de que o caminho ético é o único verdadeiro.

Além disso, a priorização do time em primeiro lugar ressoa profundamente em meu próprio desenvolvimento. O compromisso com a equipe, a coesão em torno de um propósito comum, são lições aprendidas ao observar a conduta do técnico. Assim como ele, reconheço que a união e a colaboração são os alicerces de qualquer empreendimento bem-sucedido.

Antes de mergulharmos nos quatro princípios fundamentais que todo empreendedor deve incorporar, é crucial reiterar a importância de mantermos o foco no cerne deste livro: o empreendedorismo. Embora a liderança seja uma peça-chave no tabuleiro do sucesso empresarial, jamais devemos perder de vista o âmago do empreendedorismo. É através da união desses dois pilares que construímos empresas resilientes e transformadoras. Assim, ao explorarmos os princípios essenciais de liderança, mantenhamos sempre em mente a centralidade do empreendedorismo em nossas jornadas empresariais.

Quatro princípios fundamentais

Na jornada empreendedora, quatro princípios fundamentais emergem como pilares que sustentam o crescimento e a prosperidade de qualquer empreendimento. Cada um desses princípios representa uma pedra angular na construção de uma empresa sólida, resiliente e orientada para o sucesso. Vamos explorar esses princípios, compreendendo sua importância e impacto no tecido organizacional.

1. A Essência da Liderança: A Cultura da Empresa Reflete seu Líder

A cultura de uma empresa é um espelho que reflete diretamente a visão, os valores e a ética de seu líder. Assim como a obra reflete o artista, a atmosfera interna de uma organização reflete a liderança que a conduz. Os valores e a conduta do líder permeiam todos os aspectos da cultura empresarial, moldando o ambiente de trabalho e influenciando as interações entre os membros da equipe. É através da liderança autêntica e inspiradora que se forjam culturas organizacionais vibrantes, capazes de catalisar o potencial máximo de cada colaborador.

2. A Jornada Rumo à Excelência: Metas como Faróis de Orientação

No tecido organizacional, as metas desempenham o papel de bússolas, guiando a equipe em direção à realização de seus objetivos comuns. Contudo, mais do que simples alvos a serem atingidos, as metas constituem um processo de aprendizado e autoconhecimento para o time. Compreender as aspirações individuais de cada membro e alinhá-las com os objetivos da empresa é essencial para o florescimento de uma equipe coesa e produtiva. Assim, as metas não apenas impulsionam o progresso, mas também servem como catalisadoras do desenvolvimento pessoal e profissional de cada colaborador.

3. Servir para Liderar: A Arte da Liderança com Empatia e Dedicação

No coração de toda liderança eficaz reside o princípio fundamental do serviço ao próximo. Ser um líder servidor implica em estar genuinamente comprometido com o bem-estar e o crescimento de cada membro da equipe. É através da empatia, da humildade e da disponibilidade para ouvir e apoiar que se estabelece uma cultura de confiança e colaboração mútua. Ao priorizar o desenvolvimento e o sucesso de seus liderados, o líder servidor constrói não apenas equipes de alto desempenho, mas comunidades empresariais fundamentadas no respeito e na solidariedade.

"Líderes verdadeiramente grandes são aqueles que entendem que seu papel é servir, não ser servido."

John C. Maxwell.

4. Transformando Desafios em Oportunidades: A Crise como Motor da Inovação

Na trajetória empreendedora, os desafios e adversidades são inevitáveis. Contudo, é na forma como respondemos a esses desafios que reside a verdadeira essência do empreendedorismo. Em vez de serem encaradas como obstáculos intransponíveis, as crises devem ser percebidas como catalisadoras do crescimento e da inovação. É nos momentos de turbulência que as sementes da criatividade e da resiliência encontram solo fértil para florescer. Ao adotar uma mentalidade voltada para a oportunidade, os empreendedores transformam cada crise em um trampolim para o progresso e a superação.

Liderando com Propósito e Visão

Na jornada do empreendedorismo, liderar com propósito e visão transcende as métricas de sucesso convencionais. É um chamado para alinhar nossas ações com um propósito maior, moldado não apenas por nossos objetivos terrenos, mas também pelo propósito divino que guia nossas vidas. Assim como nos ensina em Jeremias 29:11, confiamos no plano que Deus tem para nós, um plano que nos conduz à esperança e ao futuro.

Ao liderarmos com propósito e visão, enxergamos além das circunstâncias imediatas, encontrando significado e inspiração nas experiências que moldam nosso caminho empreendedor. É na busca pela excelência, na dedicação ao serviço e na busca incessante pela inovação que expressamos nossa fé e nossa confiança no propósito divino que nos impulsiona. Que cada empreendedor possa abraçar esse chamado, liderando com sabedoria, integridade e uma visão que transcende o ordinário, guiados pela luz da fé e pela certeza de que estamos cumprindo o plano divino para nossas vidas.

CAPÍTULO 8

INOVAÇÃO E ADAPTAÇÃO

Há uma história peculiar sobre o besouro que desafia a lógica e intriga os sábios. Diz-se que, segundo os estudos da física, o besouro não deveria voar. Sua estrutura, o tamanho das asas e o peso desafiam as leis da aerodinâmica. No entanto, lá está ele, cortando os céus com graciosidade. Por quê? Ah, essa é a pergunta que mantém os cientistas perplexos. Alguns dizem que é pura magia da natureza, outros, que é um mistério sem solução.

Enquanto os acadêmicos ponderam sobre o enigma do besouro voador, os empreendedores sorriem com sabedoria. Eles conhecem a verdade por trás da aparente contradição. O segredo não está nas fórmulas ou nos cálculos meticulosos, mas na essência da inovação e da adaptação. É como se o besouro, alheio aos estudos científicos, desafiasse as próprias leis da natureza, voando com destreza e graça. No entanto, se o besouro soubesse ler... Ah, se ele soubesse! Certamente, ele teria descoberto que, segundo a ciência, suas asas são pequenas demais e seu peso, grande demais para voar. Mas, como dizem, a ignorância é uma bênção. Então, vamos deixar o besouro voar, pois, afinal, ele não sabe ler!

Como empreendedores, somos desafiados a pensar além das limitações aparentes, a questionar o convencional e a buscar soluções criativas para os problemas que enfrentamos. Assim como o besouro desafia as leis da aerodinâmica, nós também devemos desafiar as normas estabelecidas, buscando novos caminhos e explorando possibilidades além do óbvio. A verdadeira inovação vem da coragem de pensar fora da caixa e da disposição para questionar o status quo, mesmo quando a ciência sugere o contrário.

Cultivando inovação

Em 2024, embarquei em uma jornada de aprimoramento e crescimento ao ingressar na renomada instituição brasileira, o Instituto Brasileiro de Mercado de Capitais, ou como é conhecido entre os entendidos, o IBMEC. Fundado há mais de meio século, o IBMEC tem sido um farol de excelência educacional, oferecendo programas acadêmicos que abrangem desde graduação até mestrado, com reconhecimento máximo em diversas áreas pelo MEC e por instituições internacionais. Inspirado pela tradição de liderança e ética da instituição, mergulhei de cabeça em um MBA voltado para

Inteligência Artificial, reconhecendo a importância crucial da inovação e adaptação num mundo em constante mudança.

Nesse contexto dinâmico, a revolução digital vem transformando radicalmente a maneira como conduzimos os negócios. Investindo em especializações em Inteligência Artificial, vislumbro as oportunidades e desafios que surgem com essa nova era tecnológica. Em um mundo onde a IA está se tornando cada vez mais integrada aos processos empresariais, tenho liderado minha jornada, aplicando soluções inovadoras em minhas próprias empresas, desde análise de dados até automação de processos. A adoção da IA não é apenas uma vantagem competitiva, mas uma necessidade para empresas que desejam prosperar em um ambiente cada vez mais digitalizado.

Com uma carreira de 24 anos, marcada por conquistas profissionais e reconhecimento internacional em empresas de renome como Oakley e Essilor Luxottica, sinto-me preparado para alçar voos ainda mais altos. Em busca de novos desafios e oportunidades, vislumbro os Estados Unidos como meu próximo destino. Guiado pela fé e pelo propósito, estou determinado a levar minha expertise e paixão pelo empreendedorismo a um mercado de alcance global, contribuindo para o crescimento econômico e o desenvolvimento de corporações ao redor do mundo. Assim como está escrito em Filipenses 4:13: "Posso todas as coisas naquele que me fortalece", confio que minha jornada de inovação e adaptação me levará a novos patamares de sucesso e realizações.

Desenvolvendo uma Mentalidade Inovadora

Na jornada rumo ao progresso e ao crescimento, a inovação é uma peça fundamental. Assim como eu estou alçando voos mais altos e me preparei para isso, se você deseja avançar, precisa se capacitar e desenvolver uma mentalidade inovadora. Este é o primeiro passo para explorar novas fronteiras, desafiar o convencional e encontrar soluções criativas para os desafios que surgem no caminho em direção aos seus objetivos. Permita-me apresentar algumas reflexões sobre as características essenciais que podem inspirar e orientar você nessa jornada de transformação e inovação.

1- Questionador

A primeira característica essencial para desenvolver uma mentalidade inovadora é a capacidade de questionar. Questionadores desafiam o status quo, procuram entender o porquê das coisas e estão sempre em busca de soluções melhores. Um exemplo notável é o caso de Reed Hastings, que revolucionou o modelo de negócios da Netflix ao apostar no streaming. Ao questionar a eficácia dos métodos tradicionais de distribuição de conteúdo, Hastings liderou uma transformação que mudou para sempre a indústria do entretenimento.

2- Executor

Além de questionar, é fundamental ser um executor. Essas pessoas não apenas levantam questionamentos, mas também agem para implementar mudanças. Um exemplo inspirador é Drew Houston, cofundador do Dropbox. Ao perceber a inconveniência dos pendrives e questionar se havia uma alternativa melhor, ele não ficou parado. Junto com seu sócio, Arash Ferdowski, Houston transformou sua visão em realidade, criando uma solução que revolucionou o armazenamento de dados.

3- Antifrágil

A antifragilidade é outra característica chave para a inovação. Indivíduos antifrágeis não apenas sobrevivem a falhas e adversidades, mas também prosperam com elas. Reid Hoffman, fundador do PayPal e do LinkedIn, ilustra perfeitamente esse princípio. Antes de seus sucessos, Hoffman teve uma experiência com a SocialNet, uma rede social que não decolou. No entanto, em vez de desanimar, ele usou esse revés como uma oportunidade de aprendizado, aplicando lições valiosas em empreendimentos futuros.

4- Tomar riscos

A disposição para tomar riscos é uma qualidade fundamental dos inovadores. Jeff Bezos é um exemplo emblemático dessa característica. Em 1993, ao perceber o potencial da internet, Bezos abandonou sua carreira em Wall Street e fundou a Amazon. Sua coragem em arriscar o desconhecido e seguir seu instinto visionário foi fundamental para a criação de uma das empresas mais influentes da era digital.

5- Agregador

Por fim, ser um agregador de conhecimento é essencial para a inovação. Essas pessoas são ávidas por absorver insights de diferentes áreas e aplicá-los de maneira criativa em seus projetos. Steve Jobs, cofundador da Apple, personificou essa característica. Muitas das inovações revolucionárias da Apple foram inspiradas em conceitos aprendidos em áreas como caligrafia e design. Ao agregar esses conhecimentos diversos, Jobs elevou a Apple ao topo da lista das maiores empresas do mundo, deixando um legado de inovação e excelência.

"Inovação distingue entre um líder e um seguidor."

Steve Jobs.

Adaptação às Mudanças do Mercado

Em meio à busca por conhecimento e à construção de uma mentalidade inovadora, é crucial reconhecer a importância da adaptação às mudanças do mercado. Assim como o besouro que desafia as leis da aerodinâmica para voar, os empreendedores precisam estar dispostos a desafiar as convenções e se adaptar às transformações constantes do ambiente empresarial.

Assim como as empresas que se destacam são aquelas capazes de se ajustar rapidamente às demandas do mercado, os empreendedores bem-sucedidos são aqueles que abraçam a mudança como uma oportunidade de crescimento. Ao longo de minha jornada, tenho visto como líderes visionários como Bernardinho e empreendedores de sucesso como Jeff Bezos entenderam a importância da adaptação e moldaram suas estratégias de acordo com as mudanças do mercado.

Portanto, diante do dinamismo e da incerteza do cenário empresarial, a capacidade de adaptação emerge como um diferencial competitivo crucial. Ao integrar a inovação com uma mentalidade flexível e receptiva à mudança, os empreendedores podem não apenas sobreviver, mas prosperar em meio à complexidade do mercado atual.

Ousadia para Crescer

Ao encerrar este capítulo sobre inovação, adaptação e liderança, é crucial destacar a importância da ousadia para crescer. Assim como os empreendedores mencionados que desafiaram convenções e assumiram riscos calculados, a ousadia é uma qualidade essencial para alcançar novos patamares no mundo dos negócios.

A Bíblia nos lembra em Josué 1:9: "Não fui eu que lhe ordenei? Seja forte e corajoso! Não se apavore, nem desanime, pois o Senhor, o seu Deus, estará com você por onde você andar". Essas palavras ressoam com a essência da ousadia, encorajando-nos a avançar com confiança, mesmo diante do desconhecido.

Nossa jornada como empreendedores é repleta de desafios e oportunidades, e a ousadia nos capacita a abraçar o desconhecido com fé e determinação. Portanto, que possamos seguir adiante com coragem, confiando na orientação divina e na força interior que nos impulsiona a alcançar o extraordinário. Que nossa ousadia seja guiada pela fé, permitindo-nos ver além do óbvio e conquistar horizontes que antes pareciam inalcançáveis.

À medida que concluímos nossa reflexão sobre a ousadia e o crescimento, somos lembrados da importância dos relacionamentos e do networking em nossa jornada empreendedora. No próximo capítulo, exploraremos como construir e nutrir conexões significativas que impulsionam nossos negócios e enriquecem nossas vidas. Prepare-se para mergulhar em uma jornada de aprendizado e descobertas sobre o poder dos relacionamentos no mundo dos negócios.

CAPÍTULO 9

RELACIONAMENTOS E NETWORKING

Em um mundo onde os laços se tornam cada vez mais cruciais, aprendi que os relacionamentos e o networking são essenciais para o crescimento pessoal e profissional. Desde os primeiros passos como empreendedor até os desafios mais recentes, compreendi que o caminho para o sucesso está intrinsecamente ligado às conexões que cultivamos ao longo da jornada. Recordo-me dos primeiros dias na faculdade, onde, buscando ampliar meus horizontes, mergulhei em grupos de estudo e clubes acadêmicos. Foi lá que descobri a importância de estar cercado por mentes afins e de diversificar meu círculo social, um princípio que permeou minha trajetória desde então.

À medida que avançava na carreira, percebi que os relacionamentos não eram apenas sobre troca de cartões ou conexões superficiais, mas sim sobre construir vínculos genuínos e duradouros. Em eventos do setor, conferências e encontros profissionais, aprendi a arte da abordagem autêntica, onde a empatia e a sinceridade abrem portas que o mero interesse comercial jamais poderia. Cada aperto de mão, cada conversa ao pé do café, revelava-se uma oportunidade única de aprender, compartilhar e colaborar.

No emaranhado dos negócios, descobri que o networking transcende os limites do ambiente profissional, estendendo-se para os domínios da vida pessoal. Os almoços informais, os encontros casuais, as conexões feitas em momentos de lazer, todos contribuíram para uma teia de relacionamentos que se revelou fundamental nos momentos de desafio e oportunidade. Lembro-me de como um simples convite para um evento esportivo se transformou em uma parceria estratégica, ou como uma conversa casual em uma conferência resultou em uma colaboração de longo prazo. Cada interação, por mais casual que parecesse, podia ser a semente de uma nova oportunidade.

Construindo Relacionamentos Sólidos

No vasto mundo dos negócios e da vida pessoal, construir relacionamentos sólidos é uma habilidade essencial que pode abrir portas, gerar oportunidades e fortalecer laços duradouros. A base de qualquer conexão significativa reside na autenticidade, na confiança e no compromisso mútuo. Ao longo da minha jornada, aprendi que investir tempo e energia na construção de relacionamentos é um dos pilares fundamentais para o crescimento pessoal e profissional.

Uma das estratégias mais poderosas para construir relacionamentos sólidos é cultivar a empatia e praticar a escuta ativa. Ao se colocar no lugar do outro e verdadeiramente compreender suas necessidades, desafios e aspirações, é possível estabelecer uma conexão genuína e significativa. Demonstrando interesse genuíno pelas histórias e experiências dos outros, criamos laços que vão além do superficial, fortalecendo a base de relacionamentos sólidos e duradouros.

Outra estratégia eficaz para construir relacionamentos sólidos é fomentar a colaboração e o compartilhamento. Ao invés de encarar os relacionamentos como transações isoladas, enxergue cada interação como uma oportunidade para colaborar, aprender e crescer juntos. Compartilhe seus conhecimentos, experiências e recursos de forma generosa, criando um ambiente de reciprocidade e confiança mútua. Quando nos tornamos parceiros na jornada de crescimento, construímos relacionamentos que resistem ao teste do tempo e das adversidades.

Por fim, uma estratégia crucial para construir relacionamentos sólidos é investir no cultivo e na manutenção das conexões ao longo do tempo. Assim como um jardim requer cuidado e atenção constantes, os relacionamentos também demandam investimento contínuo. Dedique-se a nutrir os laços que você construiu, mantendo contato regular, oferecendo suporte e demonstrando apreço pela presença e contribuição dos outros em sua vida. Ao valorizar e priorizar os relacionamentos, você estabelece bases sólidas para uma rede de apoio e colaboração que pode sustentar seu crescimento e sucesso a longo prazo.

"Sua rede é sua rede."
Porter Gale

Networking Estratégico

Em um mundo onde as conexões são tão valiosas quanto o conhecimento, o networking estratégico se torna uma ferramenta essencial para o crescimento profissional e pessoal. A capacidade de cultivar e expandir uma rede de contatos não apenas abre portas para novas oportunidades, mas também fortalece a base de apoio e colaboração em nossa jornada. Como disse Porter Gale, "Sua rede é seu patrimônio líquido", e entender o valor desse patrimônio é fundamental para alcançar o sucesso.

Identificando e Segmentando Contatos Chave

A primeira estratégia no caminho do networking estratégico é identificar e segmentar contatos-chave. Isso envolve a análise cuidadosa de sua rede existente e a identificação daqueles indivíduos que podem oferecer insights, oportunidades ou recursos relevantes para seus objetivos. Ao segmentar sua rede com base em interesses, setores de atuação ou áreas de expertise, você pode direcionar seus esforços de networking de forma mais eficaz, concentrando-se nas conexões que têm o potencial de gerar o maior impacto em sua trajetória.

Construindo Relacionamentos Autênticos e Significativos

Uma vez identificados os contatos-chave, o próximo passo é construir relacionamentos autênticos e significativos. O networking eficaz vai além de simplesmente trocar cartões de visita ou conexões online; trata-se de cultivar conexões genuínas baseadas em confiança, respeito e interesse mútuo. Ao investir tempo e energia em construir relacionamentos sólidos, você estabelece uma base sólida para colaborações futuras, oportunidades de negócios e crescimento pessoal e profissional.

Nutrindo e Mantendo sua Rede de Contatos

Por fim, uma parte crucial do networking estratégico é nutrir e manter sua rede de contatos ao longo do tempo. Assim como qualquer outro relacionamento, suas conexões precisam de cuidado e atenção contínuos para prosperar. Isso inclui manter contato regular, oferecer suporte quando necessário e demonstrar apreço pelo valor que cada membro de sua rede traz para sua vida e carreira. Ao priorizar a manutenção de sua rede de contatos, você garante que ela continue a ser uma fonte de oportunidades, insights e apoio ao longo de sua jornada.

Em conclusão, o capítulo sobre Networking Estratégico nos lembra da importância de investir tempo e esforço na construção e manutenção de relacionamentos significativos ao longo de nossa jornada. Cada conexão que cultivamos não apenas aumenta nosso patrimônio líquido em termos de oportunidades e recursos, mas também enriquece nossa experiência e crescimento pessoal. Ao abraçar a filosofia de que nossa rede é um ativo valioso, capacitamo-nos a criar um impacto maior em nossas vidas e naqueles ao nosso redor.

Portanto, ao encerrar este capítulo, é crucial lembrar que o networking estratégico é mais do que apenas uma prática profissional; é uma abordagem de vida que valoriza a autenticidade, a reciprocidade e o compromisso com o crescimento mútuo. Ao cultivarmos relacionamentos com propósito e visão, construímos pontes que nos levam a novas oportunidades, aprendizados e conexões, tornando nossa jornada mais rica, significativa e gratificante.

"Se você quer ir rápido, vá sozinho. Se você quer ir longe, vá acompanhado."

Provérbio Africano

CAPÍTULO 10

MARKETING PESSOAL E BRANDING

Na vastidão da floresta, os animais viviam em harmonia, cada um com sua própria personalidade e habilidades únicas. Entre eles, estavam o Leão e a Coruja, ambos respeitados por suas características singulares.

Certo dia, o Leão decidiu promover uma grande festa na floresta para celebrar suas conquistas recentes. Ele convidou todos os animais para participar, prometendo diversão e entretenimento. O Leão distribuiu convites pessoalmente, compartilhando detalhes sobre o evento e destacando suas próprias habilidades de caça e liderança.

Enquanto isso, a Coruja, conhecida por sua sabedoria e visão aguçada, decidiu não promover ativamente sua festa. Em vez disso, ela concentrou seus esforços em construir uma reputação sólida ao longo do tempo. Sem alarde, a Coruja ajudava os animais da floresta com conselhos sábios e soluções inteligentes para os problemas cotidianos.

À medida que a data da festa se aproximava, o Leão se via ocupado com os preparativos e os detalhes finais. Enquanto isso, a reputação da Coruja crescia organicamente, baseada em sua confiabilidade e conhecimento profundo da floresta.

Quando o grande dia chegou, a festa do Leão foi um sucesso, com música alta, jogos e comida deliciosa. No entanto, os animais logo perceberam que a festa era mais sobre a exibição de poder do Leão do que sobre compartilhar verdadeiros momentos de alegria.

Por outro lado, os encontros frequentes com a Coruja ao longo do tempo criaram uma ligação genuína e duradoura entre ela e os outros animais. Sua marca pessoal, baseada em confiança e autenticidade, trouxe mais valor e credibilidade do que qualquer festa poderia proporcionar.

Assim, a moral da história é clara: o marketing pessoal é sobre promover ativamente suas habilidades e conquistas, enquanto o branding pessoal é atribuir valor e credibilidade à sua pessoa ao longo do tempo, através de ações consistentes e significativas. Enquanto o Leão optou por promover-se, a Coruja escolheu construir uma marca pessoal sólida, deixando uma impressão duradoura na floresta.

Construindo uma Marca Pessoal

O marketing pessoal, quando bem executado no momento certo, pode ser uma ferramenta poderosa para atrair atenção e criar oportunidades. No entanto, o que verdadeiramente gera sustentabilidade para os negócios é a construção de um branding sólido, onde você se torna a marca mais forte associada à sua empresa. É interessante observar como grandes empresas estão optando por colocar seus fundadores ou CEOs na linha de frente, humanizando as marcas e trazendo a credibilidade de seus líderes para o foco. Tudo isso faz parte de uma estratégia maior para se aproximar do cliente, criar conexões emocionais e, consequentemente, impulsionar as vendas.

Ao explorar os intricados caminhos do marketing pessoal e do branding, é fundamental reconhecer que estamos vivendo em uma era onde as pessoas são marcas por si só. Seja você um artista, freelancer, influenciador digital ou qualquer outro profissional em busca de reconhecimento no mercado, compreender a importância de projetar uma imagem autêntica e sólida é essencial.

O marketing pessoal se revela como uma ferramenta poderosa para promover sua imagem no momento certo, mas é o branding que confere sustentabilidade aos seus empreendimentos, estabelecendo você como a marca mais forte associada ao seu negócio. Assim como a busca incessante por conhecimento e autenticidade, essenciais na construção de uma marca sólida e duradoura, refletem a sabedoria do empreendedor comprometido com o seu crescimento e o sucesso de sua empresa.

No contexto do branding, compreender que sua rede de contatos é seu verdadeiro patrimônio líquido, como afirmou Porter Gale, é crucial para construir relacionamentos sólidos e duradouros. Ao investir tempo e esforço no desenvolvimento de conexões significativas, você não apenas fortalece sua presença no mercado, mas também abre portas para oportunidades e colaborações que enriquecem sua jornada profissional. A construção de uma marca pessoal bem-sucedida não se resume apenas a promover seus produtos ou serviços, mas a estabelecer conexões autênticas que agreguem valor ao seu universo de atuação.

Entender a diferença entre branding e marketing é fundamental para quem busca construir uma marca pessoal sólida e autêntica. Enquanto o marketing pessoal promove ativamente sua imagem, o branding atribui valor e credibilidade à sua pessoa, destacando sua identidade única no mercado. Assim como o arquiteto planeja cada detalhe de uma construção, o empreendedor deve cuidadosamente elaborar sua marca pessoal, atentando-se aos valores, à autenticidade e à consistência em suas ações.

Por fim, a jornada rumo à construção de uma marca pessoal bem-sucedida é uma jornada de autoconhecimento, consistência e valorização. Ao abraçar sua singularidade e compartilhá-la com o mundo, você se torna não apenas uma marca, mas uma voz única e poderosa que ressoa na mente e no coração daqueles que têm o privilégio de conhecê-lo. Que possamos nos inspirar na sabedoria e na jornada de construção de marcas autênticas e relevantes, refletindo a luz e a verdade em um mundo repleto de oportunidades e desafios.

Autenticidade e Credibilidade

No mundo dinâmico dos negócios e da vida, a autenticidade é a âncora que nos mantém firmes em meio às tempestades e nos guia em direção à verdade. Ser autêntico significa honrar quem somos, nossos valores, crenças e experiências, mesmo diante das pressões externas e das expectativas alheias. É no espaço da autenticidade que encontramos a nossa voz única, capaz de ecoar nos corações daqueles que nos cercam, transmitindo confiança e inspiração.

A credibilidade é o alicerce sobre o qual construímos nossos relacionamentos, nossas empresas e nossa marca pessoal. É a garantia de integridade, consistência e confiança que transmitimos em cada interação, em cada compromisso cumprido e em cada palavra dita. Cultivar a credibilidade requer transparência, responsabilidade e coerência entre o que dizemos e o que fazemos, estabelecendo assim uma base sólida para o sucesso e o crescimento genuíno.

Quando somos autênticos e genuínos em nossas ações e comunicações, criamos conexões profundas e duradouras com aqueles ao nosso redor. A autenticidade nos permite construir pontes de entendimento, empatia e colaboração, transcendendo barreiras e fortalecendo laços de confiança mútua. Nossas experiências, vulnerabilidades e triunfos se tornam pontos de conexão comuns, unindo-nos em uma jornada compartilhada de crescimento e aprendizado.

Que possamos abraçar a autenticidade e a credibilidade como bússolas que nos guiam em nossa jornada pessoal e profissional. Que cada passo dado seja permeado pela verdade e pela integridade, refletindo o brilho de uma autenticidade genuína e a solidez de uma credibilidade inabalável. Que possamos nos tornar não apenas líderes, empreendedores e indivíduos de sucesso, mas também agentes de mudança e inspiração, iluminando o caminho para aqueles que nos seguem.

Ao fecharmos este livro, encerramos não apenas um capítulo, mas sim uma jornada de descoberta, aprendizado e transformação, conforme nos lembra o Salmo 119:105: "Lâmpada para os meus pés é a tua palavra, e luz para o meu caminho". Que as lições aprendidas e os insights compartilhados ao longo desta jornada continuem a nos guiar e inspirar em nossos próximos passos. Que possamos seguir adiante com coragem, determinação e gratidão, confiantes no poder da autenticidade, da credibilidade e da busca incessante pela excelência. Que cada desafio seja uma oportunidade de crescimento, e cada conquista seja celebrada com humildade e alegria. Que nossa jornada nunca termine, mas sim se renove a cada dia, alimentando nossa paixão pelo conhecimento, nossa sede de realização e nossa devoção ao serviço aos outros. Que possamos continuar a escrever nossa história com integridade, propósito e amor, deixando um legado de inspiração e impacto positivo por onde passarmos. Que a jornada nunca acabe, mas que a nossa determinação e dedicação nunca faltem. Que a autenticidade e a credibilidade nos guiem sempre, iluminando o caminho rumo a um futuro brilhante e cheio de possibilidades.